Este libro pertenece a :

_____

- -

_____

Silabario: Mi Primer Libro de Lectura
Primera Edición, 2022
©Luisa Margarita Zayas Valdes

Luisa Margarita Zayas Valdes
Educate with Ms. Zayas
Oficinas de Houston, Texas
(832) 377-0295
educatemszayas@gmail.com
www.mszayas.com
ISBN 979-8-9871953-0-7

Impreso en Estados Unidos de América

Otros Libros del Autor

www.amazon.com/author/luisazayas
www.mszayas.com
educatemszayas@gmail.com

¿Cómo usar este libro?

- El Silabario es un método efectivo para la enseñanza de la lectura del idioma español. Una de las cosas que hace más efectivo el método de este libro es el orden de instrucción de las letras y sílabas. De ahí que se recomienda que se siga el orden establecido en este libro en vez de seguir el orden alfabético. Además es conocido por este nombre debido a que la unidad mínima de lectura es la sílaba.

- Con ayuda de un adulto el niño lee primero la página de los sonidos iniciales.

- Después empiezan las páginas con las diferentes sílabas. En esas páginas primero debe enseñarle el nombre y después el sonido de la letra.

  Ejemplo: adulto: "esta es la letra P, la letra P suena /p/"

  niño: repite el nombre y hace el sonido de la letra P "la letra p suena /p/".

- Entonces leerán las sílabas varias veces hasta que el niño las pueda leer solo en orden aleatorio.

- Luego de terminar la práctica anterior con las sílabas, se procede a hacer lo mismo con las palabras y las oraciones.

- Permita al niño o niña un tiempo para escribir las oraciones. Es importante resaltar que no deberían comenzar otra letra hasta que el niño sepa leer la anterior.

- Al final del libro hay un diploma que podría otorgarle al niño.

- También al final están las sílabas para cortar y hacer tarjetas.

- Una de las ventajas que tiene este libro es que no solo se puede usar en las escuelas, sino que también puede ser empleado en casa por aquellos padres interesados en enseñar a leer a sus hijos.

- Es un método fácil y efectivo. Éste método es el favorito de la gran mayoría de maestros de español.

Índice

QUIERES RECURSOS GRATIS

Escríbe a:

educatemszayas@gmail.com

ASUNTO:

silabario

Sonidos Iniciales: Las Vocales

anillo

árbol

abeja

elefante

estrella

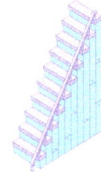

escalera

iglú

imán

iguana

oso

oreja

oruga

uña

unicornio

uva

Mm

ma me mi mo mu

ama	mami	memu
ame	mamo	mima
ami	mamu	mime
amo	mema	mimi
amu	meme	mimo
mama	memi	mimu
mame	memo	moma

Mi mamá me ama.

Mi mamá me ama.

¿Me mimas?

¿Me mimas?

Memo ama a mami.

Memo ama a mami

Mami me mima.

Mami me mima

Mimo a mamá.

Mimo a mamá

Mima me ama.

Mima me ama

Mimí me ama a mi.

Mimí me ama a mi

Pp

| pa | pe | pi | po | pu |

apa	pepa	popa
epe	pepe	pope
ipi	pepi	popi
opo	pepo	popo
upa	pepu	popu
papa	pipa	pupa
pape	pipe	pupe
papi	pipi	pupi
papo	pipo	pupo
papu	pipu	pupu

Papa ama a mamá.

Papa ama a mamá

Mi papi me mima.

Mi papi me mima

Amo a papá.

Amo a papá

Mimo a papá.

Mimo a papá

Papá me ama.

Papá me ama

Ss

asa	sisa	usa
ese	sise	uso
isi	sisi	esa
oso	siso	masa
use	sisu	misa
sasa	sosa	musa
sase	sose	pasa
sasi	sosi	peso
saso	soso	pesa
sasu	sosu	puso

©Luisa Zayas

6

 Susi posa.

Susi Posa

Susi pisa mi masa.

Susi pisa mi masa.

Ama a su oso.

Ama a su oso.

Se asoma ese sapo.

Se asoma ese sapo.

Puso su sopa.

Puso su sopa.

Asa la masa.

Asa la masa.

Ll

la   le   li   lo   lu

ala	lalu	lole
ele	lela	loli
ili	lele	lolo
olo	leli	lolu
ulu	lelo	lula
lala	lelu	luli
lale	lila	lulo
lali	lile	lulu
lalo	lili	lula

lila

La mula sale a la loma sola.

La mula sale a la loma sola.

Lulú sale sola.

Lulú sale sola.

La paloma se asoma.

La paloma se asoma.

Esa es la sala.

Esa es la sala.

Tt

ta   te   ti   to   tu

tío	teme	apetito
tía	tapa	pasito
tipo	tela	mamita
topo	mata	meseta
tose	mito	tomate
toma	meta	sopita
tema	mete	peseta

tomo

moto

tapete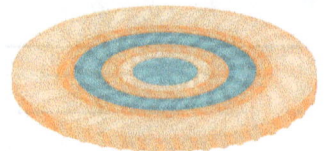

Esta tela es mía.

Esta tela es mía.

Pasito a pasito, así es Papito.

Pasito a pasito así es Papito

Mi mamá toma la sopa.

Mi mamá toma la sopa

Mi papá tose.

Mi papá tose.

Se toma el tilo.

Se toma el tilo

La moto pita pi pi.

La moto pita pi pi.

©Luisa Zayas

Dd

da	dime	domado
dado	duda	medido
dama	seda	molido
dame	soda	peludo
dale	suda	lamido
dedo	meda	pomada
deme	mide	posada
dele	moda	metido
dile	mudo	saluda
dilo	modo	modelo

©Luisa Zayas

Dame la tela de seda.

Dame la tela de seda.

La modelo toma su dado.

La modelo toma su dado

Saluda a todos.

Saluda a todos

Su papá tímido la saluda.

Su papá tímido la saluda.

Dalia toma sopa de tomate.

Dalia toma sopa de tomate.

Rr

R suave   **R fuerte**

para	toro	rana
pera	duro	ratón
loro	muro	rama
mora	dorado	rata
pare	morado	rabo
paro	pirata	remo
pero	barata	río

©Luisa Zayas

morado

muro

14

rana

La rana se sale del río.

La rana se sale del río.

El pirata me da risa.

El pirata me da risa.

El ratón disimula su robo.

El ratón disimula su robo.

Le dará la pera dura a su loro.

Le dará la pera dura a su loro.

Cc

ca	co	cu
cama	rico	cada
cala	capo	mico
capa	cubo	toca
casa	curita	coro
coma	mico	roca
cola	pico	cara
copa	poca	cura
coco	saca	cacao
cosa	loco	camisa

casa

curita

16

camisa

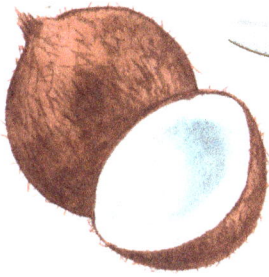

Mi coco es rico.

Mi coco es rico

Saca la curita y me cura.

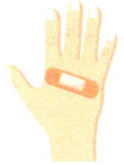

Saca la curita y me cura

Su cola toca la roca.

Su cola toca la roca

La camisa es cara.

La camisa es cara

Nn

nene	mano	nenita
nena	mona	minuto
nota	mina	semana
nido	lana	pepino
tuna	luna	anima
tina	pino	apena
sana	pena	enano

©Luisa Zayas

La nota es musical.

La nota es musical.

18

Se anima y me da su mano.

Se anima y me da su mano.

Se nota que tiene pena.

Se nota que tiene pena.

La mona está sana.

La mona está sana.

Ff

feo	foco	rifa
faro	foto	sofá
fase	foso	afana
fama	fosa	afina
foro	filo	farola
forro	fila	fábula
foca	fino	felino

©Luisa Zayas

Ese felino es fino.

Ese felino es fino.

20

Tómale una foto.

Tómale una foto.

Ese café es famoso.

Ese café es famoso

Ese café es fino.

Ese café es fino.

Esa foca es la de la fábula.

Esa foca es la de la fábula.

Bb

bate	bote	adobe
bala	bota	balido
baba	nabo	abono
base	bola	balada
beso	bolo	boleto
bebé	sabe	subida
bebe	sube	subía

©Luisa Zayas

Ese es tu boleto.

Ese es tu boleto.

22

La mamá besa su manita.

La mamá besa su manita.

Su bebé sube a la cama.

Su bebé sube a la cama.

El bebé bebe su toma.

El bebé bebe su toma.

©Luisa Zayas

Jj

reja	ajo	aleja
jarra	ají	tejado
oreja	ojo	tejido
abeja	jala	mojado
jirafa	jefe	cobija
jinete	jeta	japonés
conejo	pájaro	jarabe

La abeja se posa en la reja.

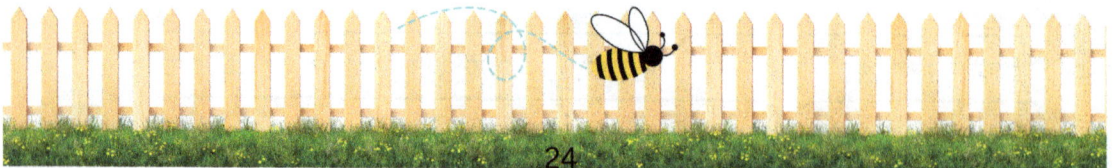

La abeja se posa en la reja.

©Luisa Zayas

24

El pájaro se cobija.

El pájaro se cobija

El ajo y el ají son para cocinar.

El ajo y el ají son para cocinar

El pájaro está en el tejado.

El pájaro está en el tejado.

Gg

gato	mago	gama
goma	lago	aguja
garra	gula	agujero
gorro	gala	gotera
gajo	pega	gata
gota	pago	tortuga
gordo	soga	garrote

©Luisa Zayas

La tortuga nada.

La tortuga nada

26

El gato sale del gorro.

E̲l̲ ̲g̲a̲t̲o̲ ̲s̲a̲l̲e̲ ̲d̲e̲l̲ ̲g̲o̲r̲r̲o̲.̲

Las gotas caen de las mangas.

L̲a̲s̲ ̲g̲o̲t̲a̲s̲ ̲c̲a̲e̲n̲ ̲d̲e̲ ̲l̲a̲s̲ ̲m̲a̲n̲g̲a̲s̲

La goma del carro tiene un agujero.

L̲a̲ ̲g̲o̲m̲a̲ ̲d̲e̲l̲ ̲c̲a̲r̲r̲o̲ ̲t̲i̲e̲n̲e̲ ̲u̲n̲

a̲g̲u̲j̲e̲r̲o̲.̲

Ch ch

cha   che   chi   cho   chu

cháchara

charol

chile

chacra

chimenea

chaira

chasco

chaleco

champú

chancleta

charla

chia

chichón

churre

chiflido

chileno

chelista

choca

chofer

chocolate

chiste

©Luisa Zayas

Cheila es chelista.

Cheila es chelista.

Tiene un chichón.

Tiene un chichón.

Me gusta el chocolate.

Me gusta el chocolate.

El chile pica mucho.

El chile pica mucho.

Ññ

ña   ñe   ñi   ño   ñu

peña	año	leña
puño	uña	ñato
baño	moña	riña
seña	maña	daño
caña	moño	añora
cuña	paño	araña
niña	piña	aliño

Esa piña es rica.

Esa piña es rica.

30

El niño come su piña.

El niño come su piña

La niña tiene moño.

La niña tiene moño.

Esa es una araña.

Esa es una araña.

Se pinta las uñas.

Se pinta las uñas.

©Luisa Zayas

31

Vv

vamos	lava	visa
vimos	nave	vivo
vive	avena	viva
envase	velada	vine
vivero	vacuna	vale
vanidoso	venado	vara
valija	visita	pavo

©Luisa Zayas

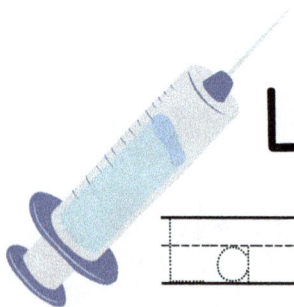

La vacuna es vital.

La vacuna es vital.

Vimos un venado vivo.

Vimos un venado vivo.

El pavo viene solo.

El pavo viene solo.

Ll ll

Vimos un viejo activo

lla   lle   lli   llo   llu

malla	ardilla	olla
callar	papilla	ella
talla	capilla	llaga
falla	camilla	llamar
milla	pollito	llama
orilla	manilla	llano
bulla	llegar	llave

Llama a la ardilla.

Llama a la ardilla

©Luisa Zayas

34

Llego a la orilla.

Llego a la orilla

El pollito dice pío pío pío.

El pollito dice pío pío pío.

Ella la llama.

Ella la llama.

Qq

querer	que	aquí
bosque	porque	química
estanque	queda	esquina
raqueta	queso	equipo
tiquete	quema	poquito
paquete	queja	quimera
quesito	tanque	quita

©Luisa Zayas

Veo mosquitos.

Veo mosquitos.

36

Él quiere quesito.

Él quiere quesito.

Esta es la esquina.

Esta es la esquina.

Aquí está el tanque.

Aquí está el tanque.

Es un lindo estanque.

Es un lindo estanque.

Zz

zafar	zapatero	zumo
zapato	zoológico	zunzún
zinc	Zaira	zurdo
zafiro	zapata	zigzag
zapatería	zorro	Zelandia
zona	zamba	zueco
zar	zapato	zorzal

©Luisa Zayas

Es zorro es perezoso.

Es zorro es perezoso

38

Me gusta el zumo de limón.

Me gusta el zumo de limón.

Visité el zoológico.

Visité el zoológico.

Baila zamba con zapatos.

Baila zamba con zapatos.

Yy

ya ye yi yo yu y

yo	piyama	ay
ya	payaso	soy
yate	ayuda	voy
oye	apoyo	muy
ayer	mayor	rey
cayó	diluye	ley
yoyo	joyero	estoy

Pido apoyo con la ley.

Pido apoyo con la ley

40

Voy a dormir con mi piyama.

Voy a dormir con mi piyama.

En el yate se oye música.

En el yate se oye música.

Se cayó el yoyo.

Se cayó el yoyo.

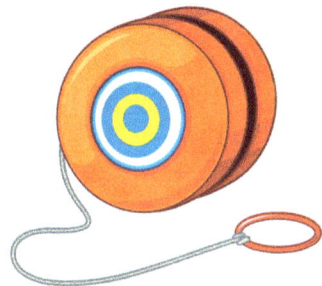

©Luisa Zayas

Hh

ha   he   hi   ho   hu

hablar	hada	hiedra
heder	hidalgo	hotel
hoja	hormiga	hallazgo
hacer	Haití	hiel
Holanda	humo	humedad
herrero	hortensia	harina
holgazán	halago	hielo

En Holanda hay frío.

En Holanda hay frío.

Me gustan las hortensias.

Me gustan las hortensias.

El hada salió del humo.

El hada salió del humo

Hoy estoy holgazán.

Hoy estoy holgazán.

©Luisa Zayas

Xx

xa	xe	xi	xo	xu
ax	ex	ix	ox	ux

asfixia	expresar	excelente
saxofón	taxi	léxico
auxilio	exacto	exclamar
expirarse	exprimir	sexto
axioma	examen	excluir
exportar	expropiar	mixto
excavar	extinto	éxito

Tengo éxito con el saxofón.

Tengo éxito con el saxofón

Puedo exprimir el limón.

Puedo exprimir el limón.

Mi léxico me ayuda a expresarme.

Mi léxico me ayuda a expresarme.

Kk

karaoke	kiosco
kilociclo	kilo
keke	Kilimanjaro
karma	kétchup
kilogramo	kilolitro
koala	kaki
kéfir	kilómetro

©Luisa Zayas

Ese es un koala.

Ese es un koala.

46

Me gusta el kétchup.

Me gusta el kétchup.

Pedí un kilogramo de papas.

Pedí un kilogramo de papas.

Voy al kiosco.

Voy al kiosco.

Ww

Waldo	Washington
Wendy	William
Willy	Wilson
Walter	Hawai
Wilma	Kuwait
Wanda	Wellington

©Luisa Zayas

El es Washington.

El es Washington

48

William fue muy famoso.

William fue muy famoso.

A Walter le gusta Hawai.

A Walter le gusta Hawai.

Cc

cima	once	cenefa
cine	doce	lapicero
cita	acera	receta
cero	cereal	cerrojo
cerro	cebolla	cerámica
alce	cepillo	alacena
ceño	cerrado	maceta

©Luisa Zayas

Esa cebolla es blanca

Esa cebolla es blanca

50

Hay once platos en la alacena.

Hay once platos en la alacena.

Después de comer cereal, me cepillo.

Después de comer cereal, me cepillo.

©Luisa Zayas

51

Gg

pague	guitarra	güira
sigue	guerra	pingüino
guiño	guerrero	desagüe
guiso	laguito	ungüento
águila	bilingüe	yegüita
guía	pedigüeño	agüita
guineo	degüello	cigüeña

Esa es una cigüeña.

Esa es una cigüeña.

Le pagué al guia turístico.

Le pagué al guia turístico.

Yo soy bilingüe.

Yo soy bilingüe.

Al pingüino le gusta el frío.

Al pingüino le gusta el frío.

Tarjetas de Sílabas

1. Recortar las tarjetas de las sílabas.

pa | ma | ta

2. Practicar la lectura de las sílabas.

pa | ma | ta

3. Formar palabras con las sílabas.

ma pa | ta pa

ma	me	mi	mo	mu
pa	pe	pi	po	pu
la	le	li	lo	lu
sa	se	si	so	su
ta	te	ti	to	tu
da	de	di	do	du

©Luisa Zayas

Esta página fue dejada intencionalmente en blanco.

ra	re	ri	ro	ru
ca	ce	ci	co	cu
na	ne	ni	no	nu
fa	fe	fi	fo	fu
ba	be	bi	bo	bu
ja	je	ji	jo	ju

©Luisa Zayas

ga	ge	gi	go	gu
cha	che	chi	cho	chu
ña	ñe	ñi	ño	ñu
va	ve	vi	vo	vu
lla	lle	lli	llo	llu
que	qui	güe	güi	a

Esta página fue dejada intencionalmente en blanco.

za	ze	zi	zo	zu
ya	ye	yi	yo	yu
ha	he	hi	ho	hu
xa	xe	xi	xo	xu
ka	ke	ki	ko	ku
wa	we	wi	wo	wu

©Luisa Zayas

Esta página fue dejada intencionalmente en blanco.

¡YA SE LEER!

Diploma de reconocimiento

Nombre: _____

Fecha: _____

Firmado por: _____

Esta página fue dejada intencionalmente en blanco.

¡YA SE ESCRIBIR!

Diploma de reconocimiento

Nombre: _____

Fecha: _____

Firmado por: _____

Esta página fue dejada intencionalmente en blanco.

www.ingramcontent.com/pod-product-compliance
Lightning Source LLC
Chambersburg PA
CBHW062114090426
42741CB00016B/3417